JN203734

5回で折れる
かい　お
季節と行事の おりがみ
きせつ　ぎょうじ

いしかわ☆まりこ

❹
ふゆ

〜サンタ・てぶくろ・おに ほか〜

汐文社
ちょうぶんしゃ

はじめに

おりがみってむずかしい？　この本で紹介する作品は、なんとたった5回のステップでできあがり！

この本ではふゆをイメージした作品がたくさん折れるよ。
クリスマス、お正月、節分にバレンタイン…　ふゆはイベントがもりだくさんの季節だね！
さむいけれど楽しみがいっぱいの季節を、おりがみ作品がもりあげてくれるよ。

すぐにできちゃうから、いろんな色や柄のおりがみでたくさんつくってね。友だちや家族といっしょにあそんだり、教室やおうちにかざったり！
プレゼントになるおりがみもあるよ。
ただの四角い1まいの紙が、いろんな形に変身しちゃうおりがみってすごい！
さあ、ふゆのおりがみをつくって楽しもう♪

いしかわ☆まりこ

折りかたのきほん　　三角折りをしてみよう！　　★左ききさんは手が反対になるよ！★

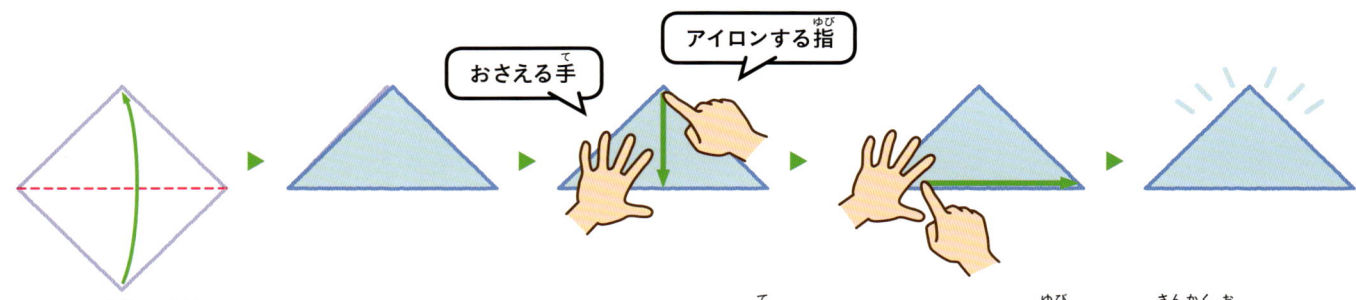

角と角をあわせて三角に折る。

おさえる手

アイロンする指

しっかりおさえて、手でアイロンするみたいに角のところから下におろす。

アイロンする指で折り目をつける。

三角折りのできあがり！

もくじ

この本（ほん）の使（つか）いかた

作品（さくひん）の名前（なまえ）。英語（えいご）もかいてあるよ

ふきだしの中（なか）はつくりかたのポイントやヒントだよ

おりがみのサイズ

折（お）り図（ず）。1〜5までのステップにまとめてあるよ。わかりやすいように、途中（とちゅう）で図（ず）が大（おお）きくなることがあるよ。

「○センチ折（お）る」のように、長（なが）さの指定（してい）があるときは、めもりを使（つか）うとべんりだよ。
むずかしい人（ひと）は、ぴったりはからなくても、図（ず）を見（み）てだいたいで折（お）ってもだいじょうぶ！
うまくいかないときは、少（すこ）しずらして折（お）りなおしてみようね。

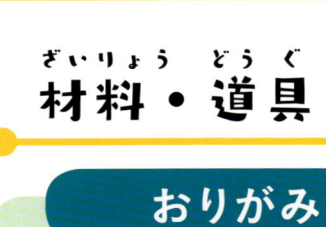

材料・道具

この本の作品は **15×15** センチ、**7.5×7.5** センチ（小サイズ）のものを使っているよ。ほかのサイズもいろいろあるから、ためしてみてね。もようも作品にあわせてえらぼう！

おりがみ

もよういろいろ！

サイズいろいろ

道具

のり	セロハンテープ	両面テープ	ものさし	はさみ

＋アイテム

あなあけパンチ	ペン	丸シール	マスキングテープ

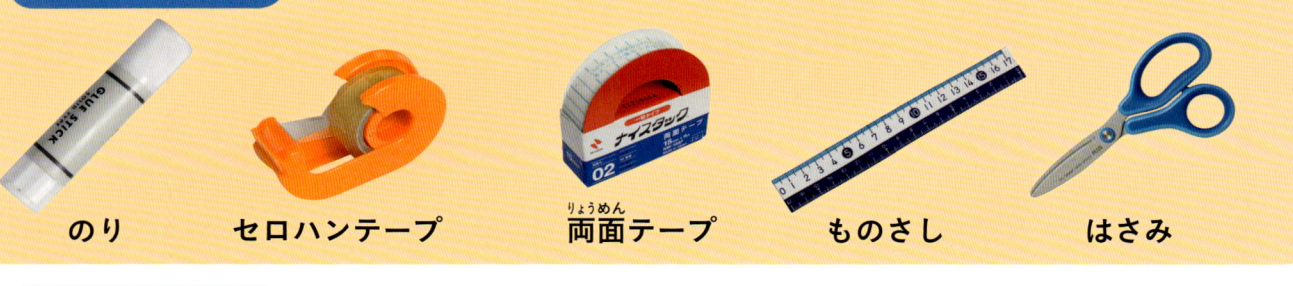

あなあけパンチで目のパーツをつくろう。
おりがみを半分に折ってあなあけパンチでぬくと、
同時に2まいの丸い形ができるよ。
犬の目にしたり、
アイデアしだいでいろいろ使える！

折りかたのマーク・折りかた

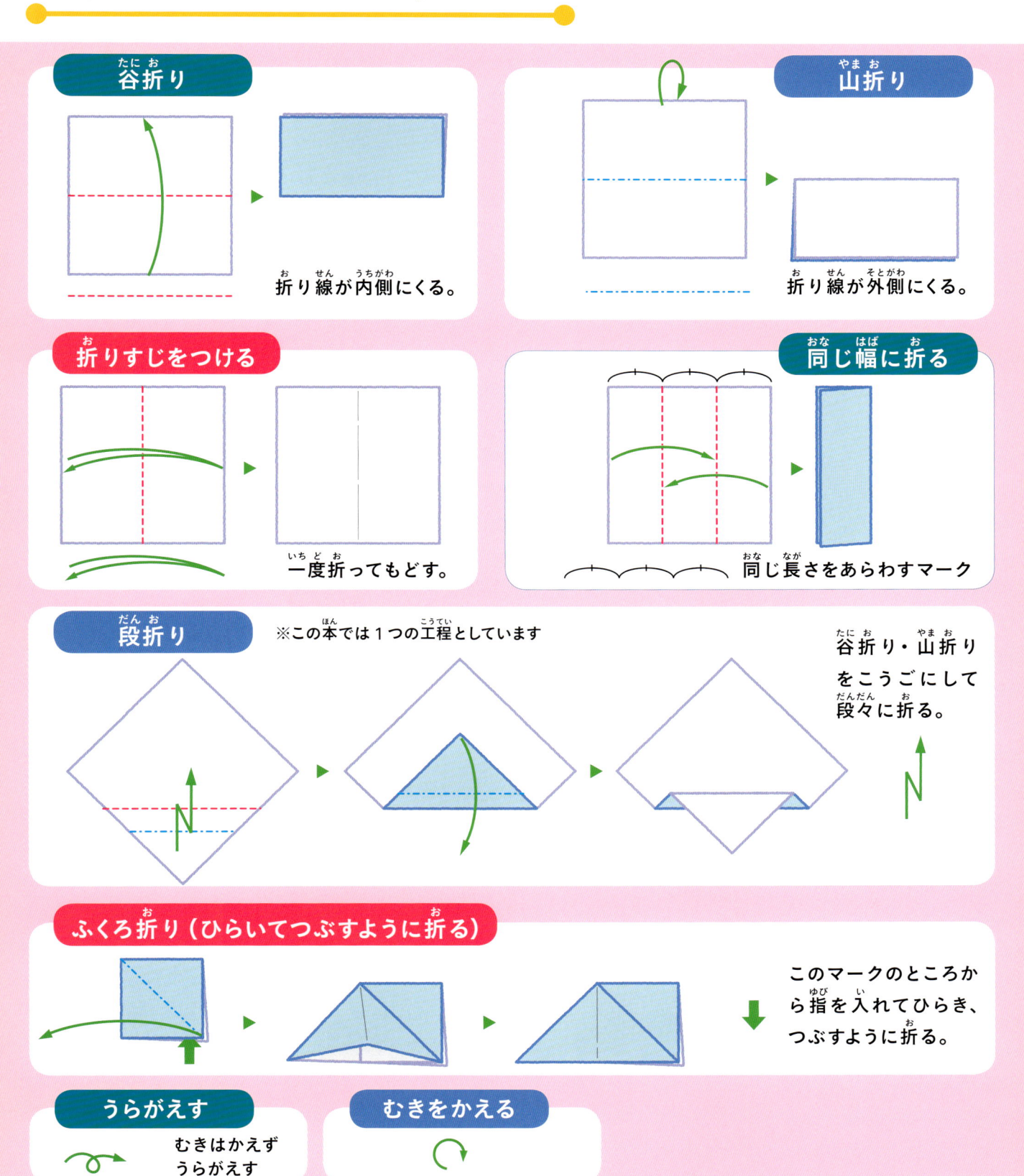

谷折り

折り線が内側にくる。

山折り

折り線が外側にくる。

折りすじをつける

一度折ってもどす。

同じ幅に折る

同じ長さをあらわすマーク

段折り　※この本では1つの工程としています

谷折り・山折りをこうごにして段々に折る。

ふくろ折り（ひらいてつぶすように折る）

このマークのところから指を入れてひらき、つぶすように折る。

うらがえす

むきはかえずうらがえす

むきをかえる

FOX

きつね

雪の中でも、もふもふの毛皮でさむくない！

小さいサイズで折って、親子にしてもかわいいよ！

材料

おりがみ … 1まい
あなあけパンチでぬいた丸（目）… 2まい

15センチ	
	15センチ

1

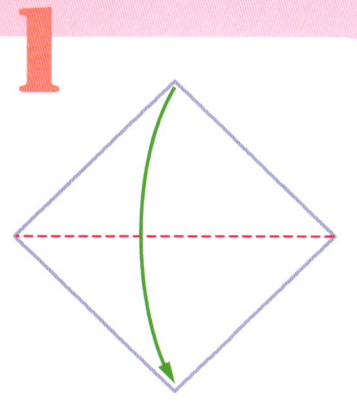

下に半分に折る。

2

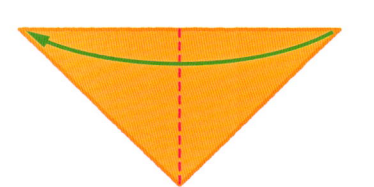

さらに半分に折る。

3

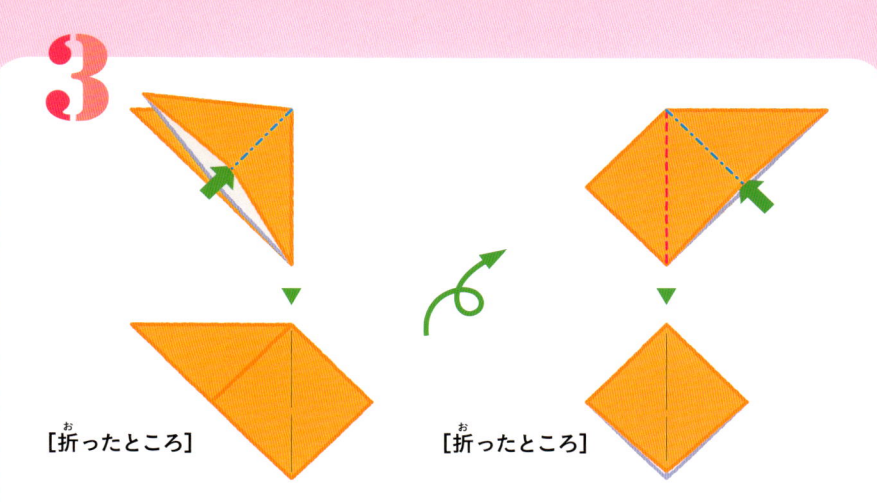

［折ったところ］　　　　［折ったところ］

↑からふくろ折りをする（ふくろをひらいてつぶすように折る）。
うらがえして同じように折る。

4

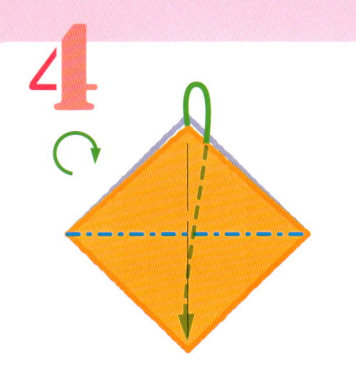

むきをかえて、手前の
1まいを中に折りこむ。

5

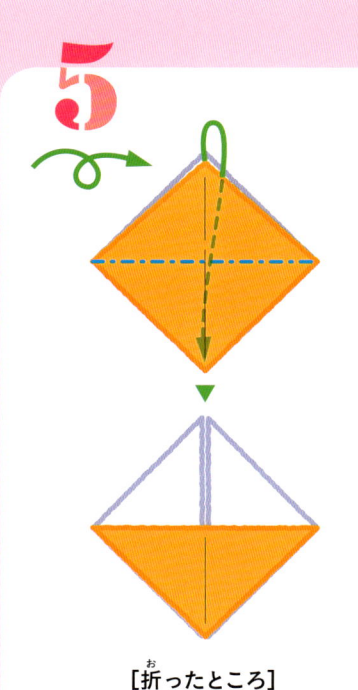

［折ったところ］

うらがえして同じように
中に折りこむ。

でき あ が り

うきやすいところを
テープではり、顔をつ
けたらきつね！

MITTEN
てぶくろ

雪の日でも、かわいいてぶくろがあれば気持ちもあったか！

毛糸でつなげると
かわいいよ！

材料

材料

おりがみ … （大きいてぶくろ）2まい
（小さいてぶくろ）小サイズ 2まい

15 センチ
15 センチ

7.5 センチ
7.5 センチ

1

小さいてぶくろは
5ミリ折る

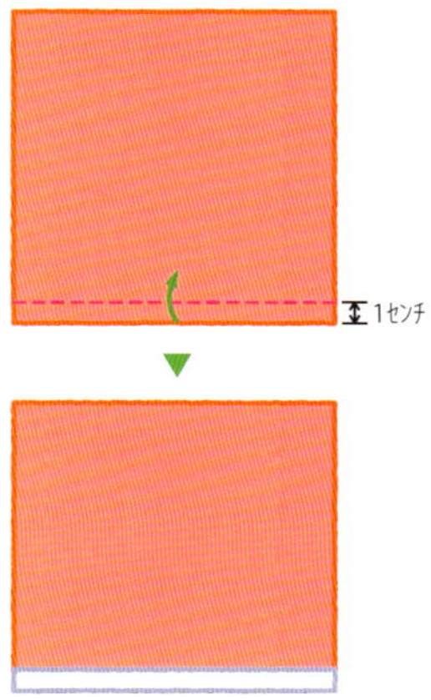

1センチ

色のついた面を上にして、
下を1センチ折る。

2

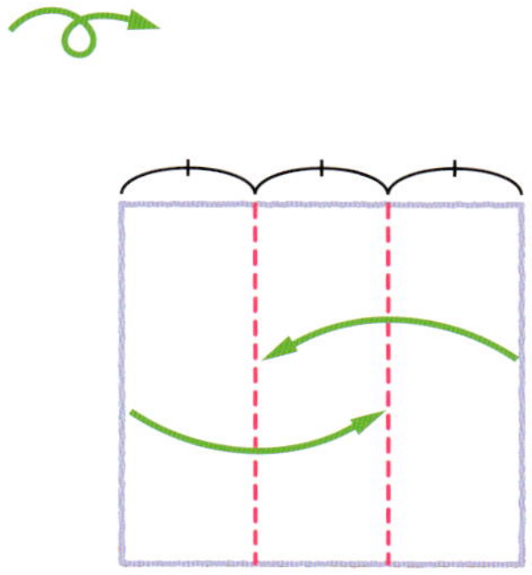

うらがえして三つ折りする。

3

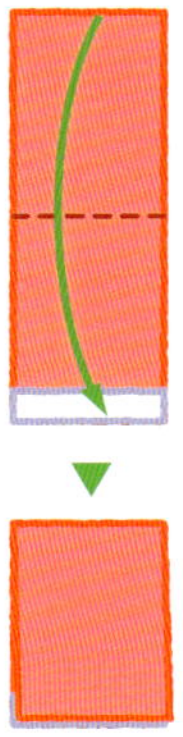

[折ったところ]

下に半分に折る。

4

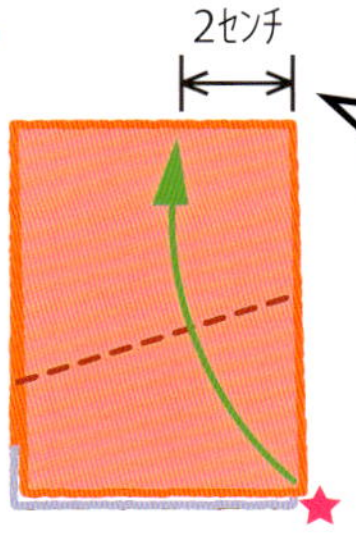

2センチ

小さいてぶく
ろは1センチ

★の角を上のふちまで
ななめに折る。

もう1つ折る

2センチ

1～3まで同じ。4で反
対の★の角を図のよう
に折る。5は同じ。

5

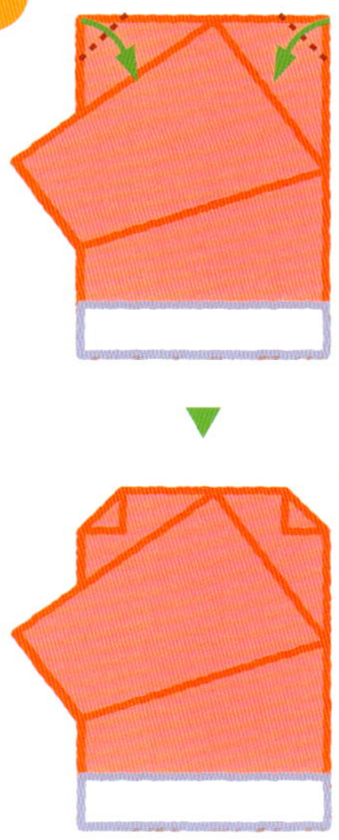

左右の角を少し折る。

できあがり

2つをうらがえしたら、
てぶくろ！

スケートぐつ

すてきなフィギュア選手はみんなのあこがれ！

 winter

2つ折って
一足にしてね！

12

15 センチ

15 センチ

材料 （ざいりょう）　おりがみ … 2 まい

1

1.5センチ

折ってもどす

1.5センチ

[折っている
とちゅう]

上を 1.5 センチあけて、半分
に折って折りすじをつける。

2

折りすじまで折り、さらに
まくように 2 回折る。

3

むきをかえ、半分に折る。

4

[折ったところ]

★と★のふちがあうようにな
なめに折る。

5

うらがえして★の角を図の
ようにななめに折る。同じ
ものをもう1つつくる。

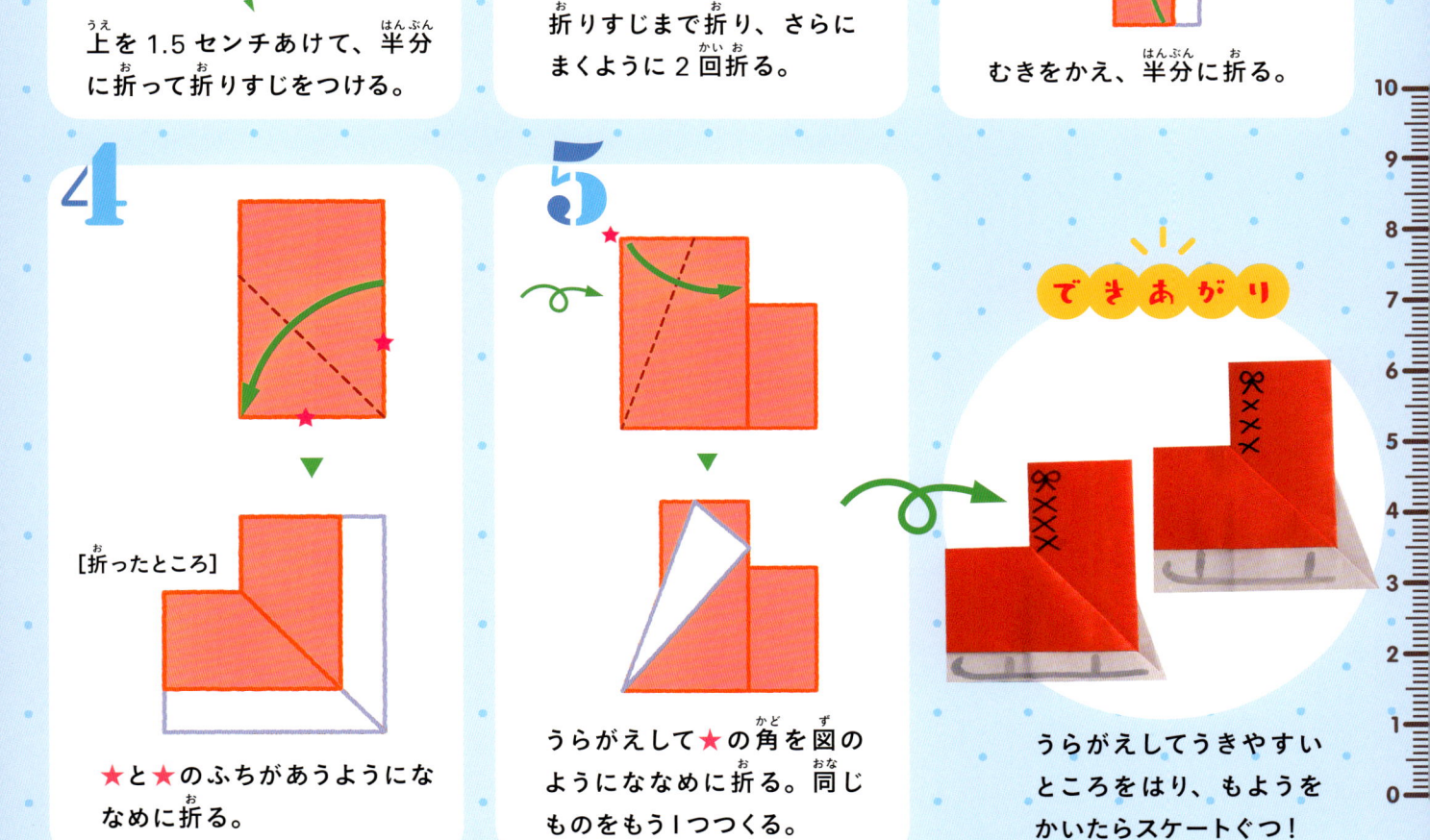

できあがり

うらがえしてうきやすい
ところをはり、もようを
かいたらスケートぐつ！

HOUSE

家

色とりどりの小さなおうち…だれが住んでいるのかな？

両面おりがみを
使うのもおすすめ！

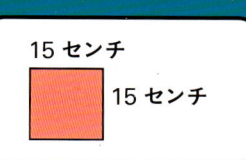
1

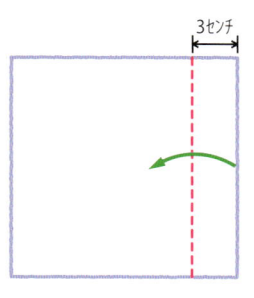

3センチ

3センチ<ruby>折<rt>お</rt></ruby>る。

2

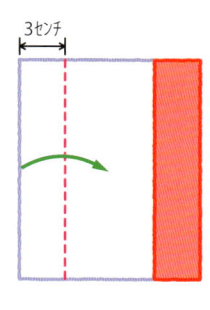

3センチ

<ruby>反対側<rt>はんたいがわ</rt></ruby>も3センチ<ruby>折<rt>お</rt></ruby>る。

3

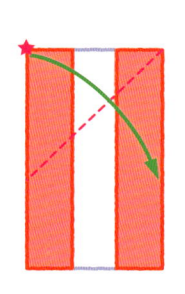

[<ruby>折<rt>お</rt></ruby>ったところ]

★の<ruby>角<rt>かど</rt></ruby>を<ruby>右<rt>みぎ</rt></ruby>のふちまで
ななめに<ruby>折<rt>お</rt></ruby>る。

4

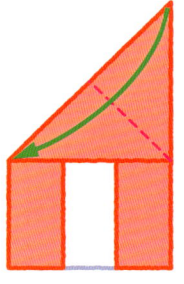

<ruby>角<rt>かど</rt></ruby>と<ruby>角<rt>かど</rt></ruby>があうように<ruby>折<rt>お</rt></ruby>る。

わっかにした
テープなど

4で<ruby>折<rt>お</rt></ruby>ったところをテープ
やのりでとめる

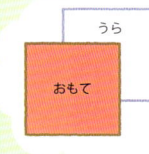

うら

おもて

うらどうしをあわせて、
<ruby>両面<rt>りょうめん</rt></ruby>おりがみをつくっ
て<ruby>折<rt>お</rt></ruby>ってもいいね。

できあがり

うきやすいところをとめて、
もようをつけたら<ruby>家<rt>いえ</rt></ruby>！

10
9
8
7
6
5
4
3
2
1
0

 材料 おりがみ … 1まい
あなあけパンチでぬいた丸…いろんな色、すきなだけ

15 センチ
15 センチ

 おりがみを半分に折って、こんな形に切ってね！

1

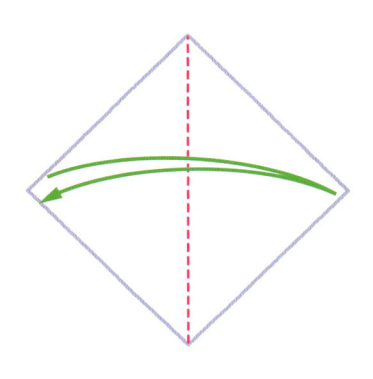

半分に折りすじをつける。

2

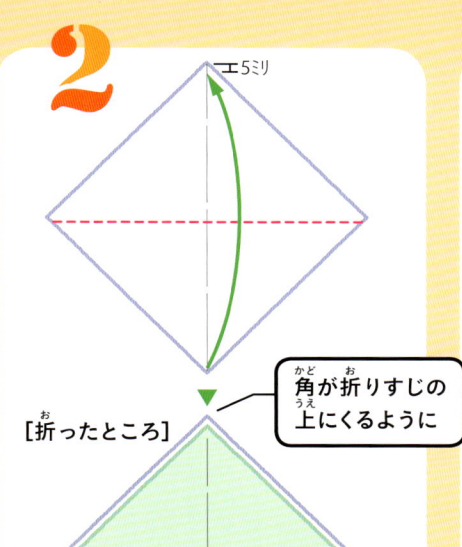

5ミリ

[折ったところ]

角が折りすじの上にくるように

5ミリずらして折る。

3

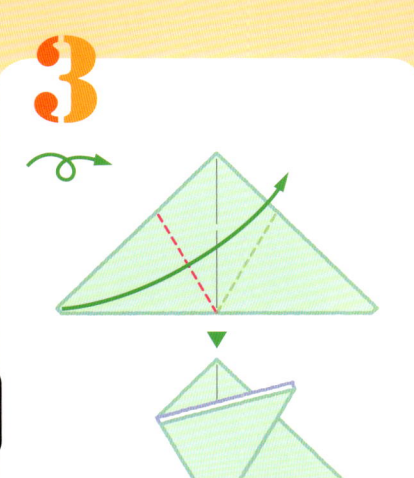

うらがえして、図のようにまん中からななめに折る。

4

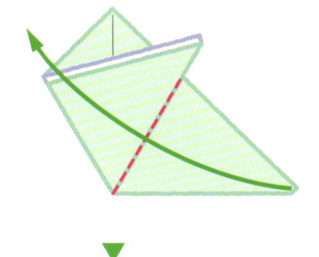

3で折ったふちにあわせてかさねて折る。

5

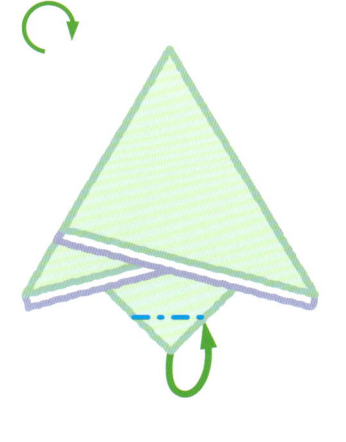

むきをかえて下の角をうしろに折る。

星は切ってつけてね

できあがり

星のかざりや丸いかざりをつけたらクリスマスツリー！

ケーキ

クリスマスやお誕生日、特別な日のおやつやデザート!

いちばん上の三角をぬって
イチゴにしてね!

おりがみ … 1 まい

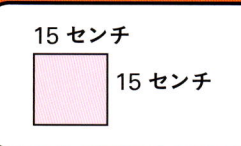
15 センチ
15 センチ

1

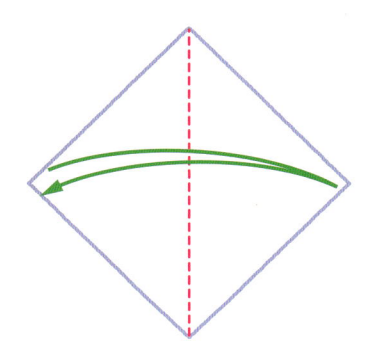

半分に折りすじをつける。
はんぶん　　お

2

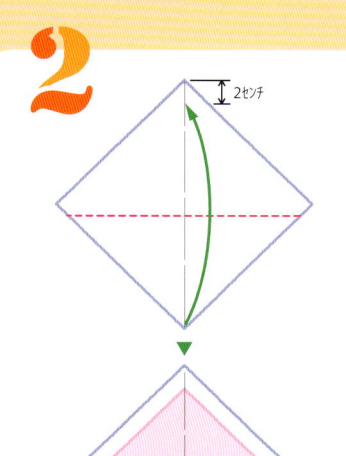

2 センチ

[折ったところ]
お

2センチずらして折る。
お

3

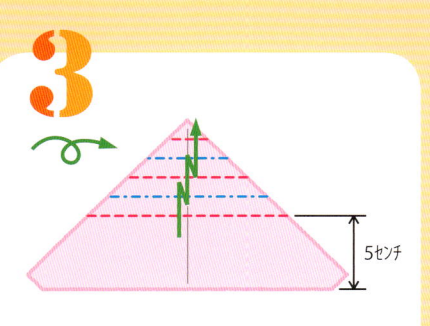

5センチ

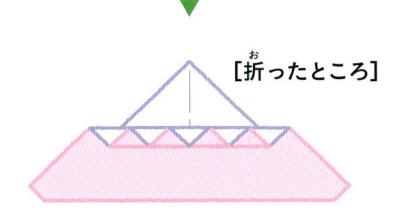

[折ったところ]
お

うらがえして段折りする。
だん お

4

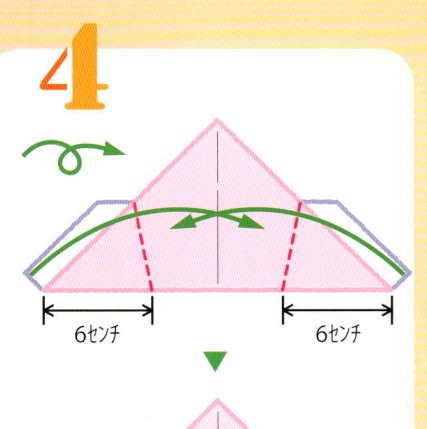

6センチ　　6センチ

[折っているとちゅう]
お

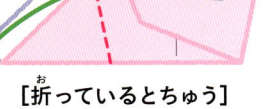

うらがえして、左右が少しかさ
さゆう　すこ
なるようにななめに折る。
お

5

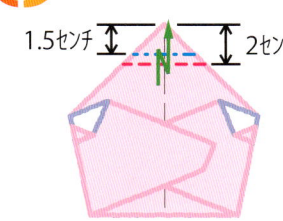

1.5センチ　　2センチ

[折っているとちゅう]
お

上の角を段折りする。
うえ かど だん お

できあがり

うらがえしてもようをつ
けたり、マスキングテー
プをはったらケーキ！

リボン

プレゼントをつつんだら、心をこめてむすぼう！

ゴムをつけたら
ちょうネクタイにもなるよ！

20

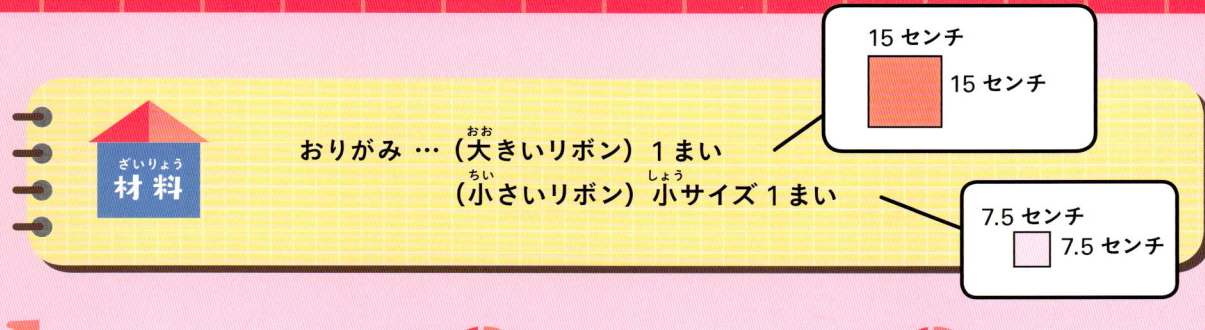

材料

おりがみ … （大きいリボン）1まい
　　　　　　（小さいリボン）小サイズ 1まい

15 センチ
15 センチ

7.5 センチ
7.5 センチ

1

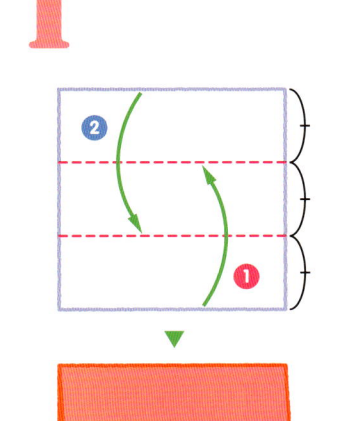

[折ったところ]

❶❷の順で三つ折りする。

2

半分に折りすじをつける。

3

小さいリボン

3センチ
5ミリ

5.5センチ
1センチ

1センチ

[折っているとちゅう]

5.5 センチ折ったあとに
1 センチ折りかえして、
段折りする。

4

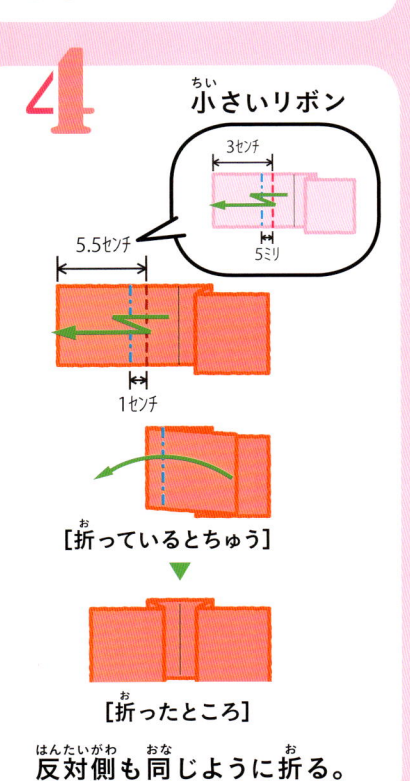

小さいリボン

3センチ
5ミリ

5.5センチ
1センチ

[折っているとちゅう]

[折ったところ]

反対側も同じように折る。

5

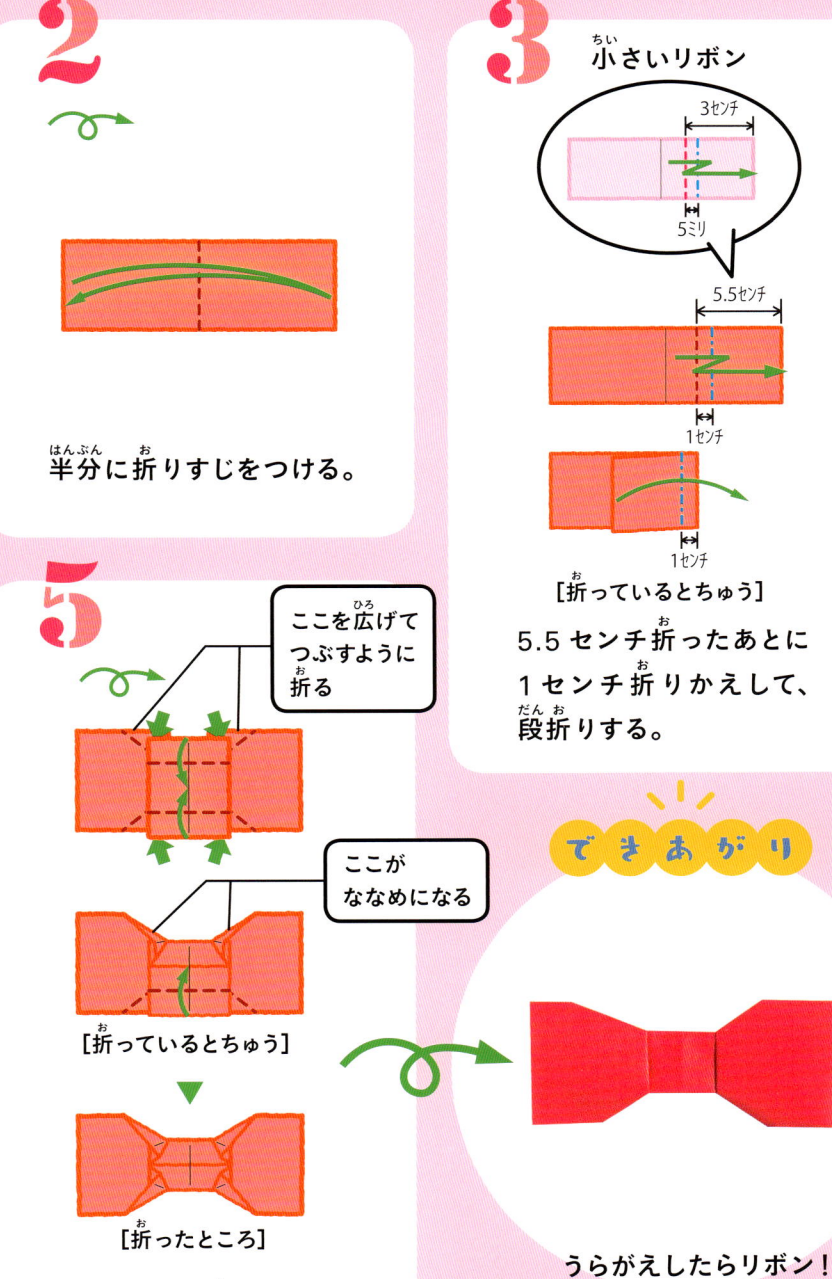

ここを広げて
つぶすように
折る

ここが
ななめになる

[折っているとちゅう]

[折ったところ]

うらがえして、図のようにまん
中であわせるように折る。

できあがり

うらがえしたらリボン！

プレゼント

クリスマスの朝、まくらもとを見ると…？

いろんな色や柄、
サイズでつくると
楽しいふんいきに！

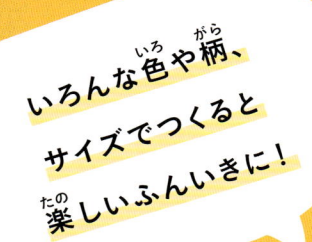

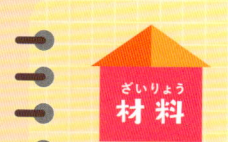
材料（ざいりょう）

おりがみ … （大きいプレゼント）1まい
（小さいプレゼント）小サイズ 1まい
（リボン）おりがみ　すきな色　少し

15 センチ	
	15 センチ

7.5 センチ	
	7.5 センチ

リボンの型紙（かたがみ）

大（だい）
小（しょう）

1

色のついた面を上にして折りはじめると色のでかたがかわるよ

たてよこ半分に折りすじをつける。

2

折りすじから同じ幅をあけるときれい

[折ったところ]

1でつけた折りすじから少しずつあけて4つの角を折る。

3

[折ったところ]

うらがえして半分のところでそれぞれ折りすじをつける。

4

小さい四角がのこるよ

[折ったところ]

折りすじのところで図のように折る。

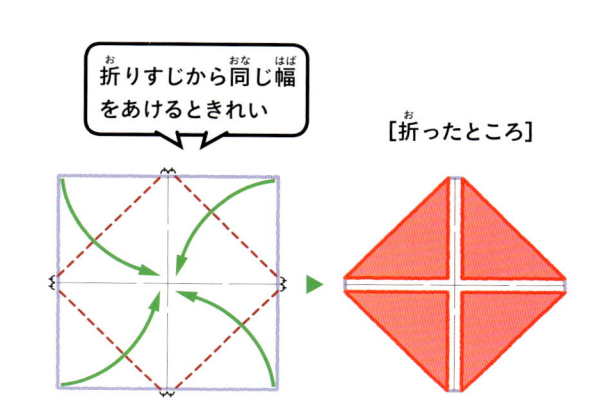
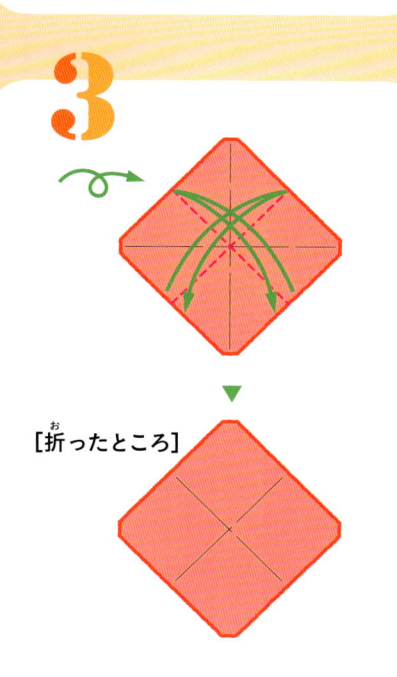
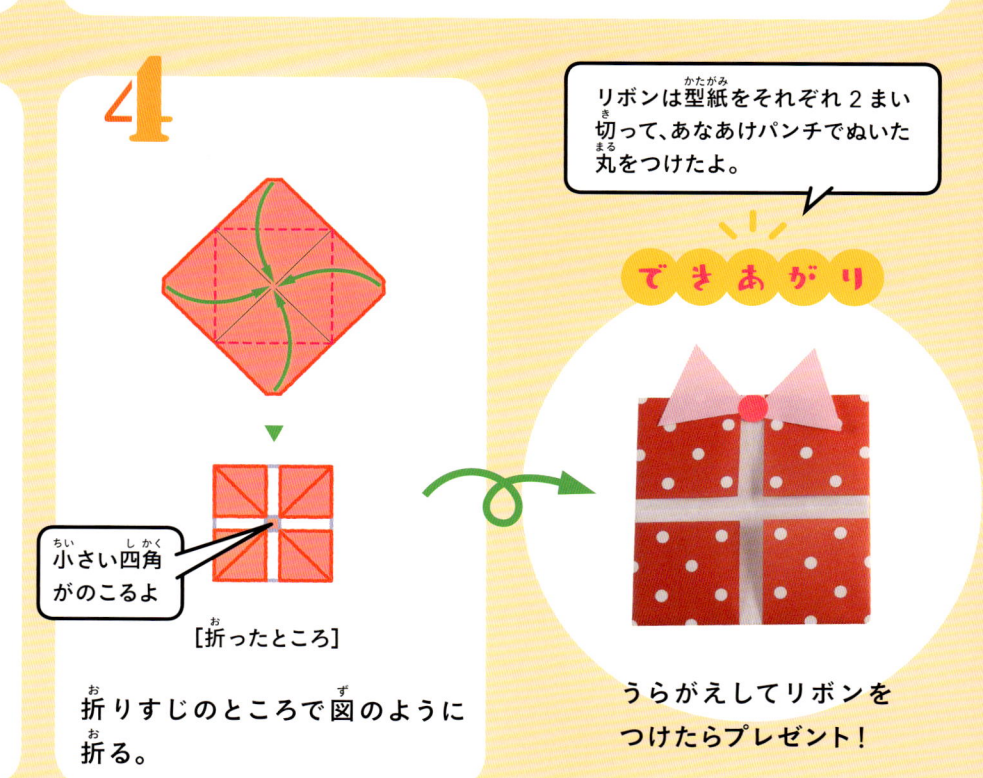

リボンは型紙をそれぞれ2まい切って、あなあけパンチでぬいた丸をつけたよ。

できあがり

うらがえしてリボンをつけたらプレゼント！

サンタクロース

サンタのおじさん、クリスマスは大いそがし！

さいごにうしろに
折ったところを広げると
立たせられるよ！

材料（ざいりょう）

15 センチ	
	15 センチ

おりがみ … 1 まい
あなあけパンチでぬいた丸（目）… 2 まい　（ポンポン）… 1 まい

1

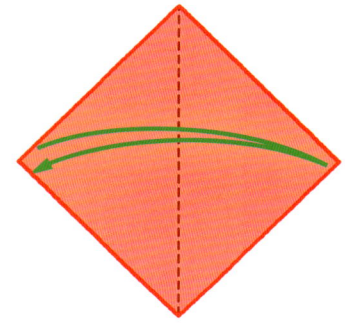

色（いろ）のついた面（めん）を上（うえ）にして
半分（はんぶん）に折（お）りすじをつける。

2

1.5センチ　　1.5センチ

▽

[折（お）ったところ]

図（ず）のようにふちをななめに折（お）る。

3

★　★

▽

[折（お）ったところ]

うらがえして★のふちを
まん中（なか）あわせで折（お）る。

4

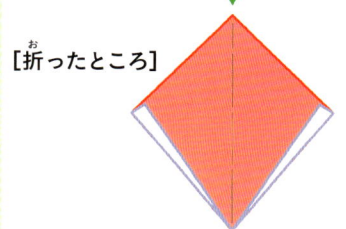

▽

[折（お）ったところ]

うらがえして半分（はんぶん）に折（お）る。

5

内側（うちがわ）に
折（お）りこむ

❶

4センチ

❷　❷

▽

[折（お）っているとちゅう]

❶→❷の順番（じゅんばん）でうしろ
に折（お）る。

できあがり

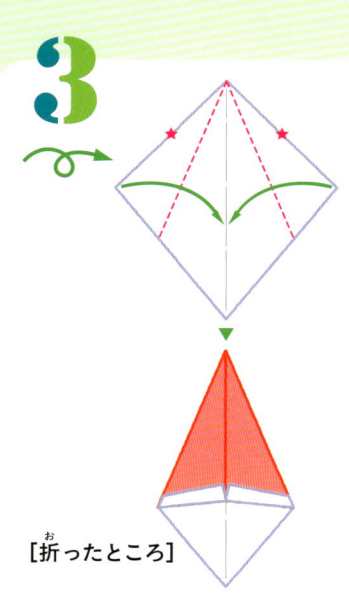

ぼうしの先（さき）に
ポンポンを
つけてね

ひげやまゆげをかいて、
目（め）をつけたらサンタクロース！

うしろを広（ひろ）げると
立（た）てられるよ！

DOG
犬

雪の中を走り回って、さむくても元気いっぱい！

耳を折っても
かわいい！

材料（ざいりょう）

おりがみ … 1 まい
穴（あな）あけパンチでぬいた丸（まる）（目（め））2 まい

1

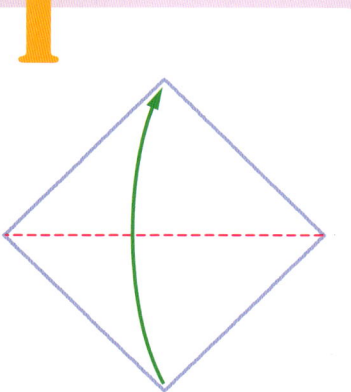

半分（はんぶん）に折（お）る。

2

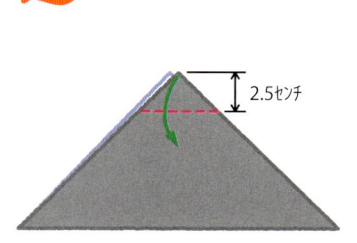

2.5センチ

上（うえ）から 2.5 センチ折（お）る。

3

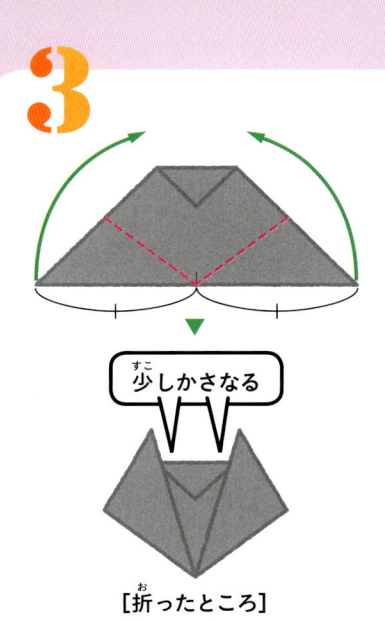

少（すこ）しかさなる

[折（お）ったところ]

まん中（なか）からななめに折（お）る。

4

2センチ　　2センチ

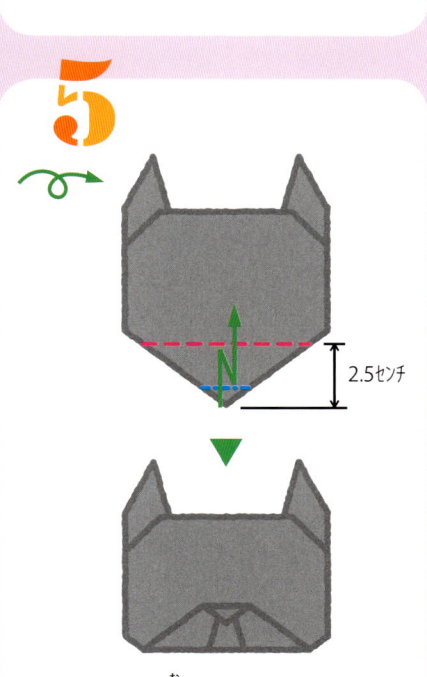

左右（さゆう）を 2 センチずつ折（お）る。

5

2.5センチ

[折（お）ったところ]

うらがえして下（した）を 2.5 センチ
折（お）ったら、少（すこ）し折（お）りかえして
段折（だんお）りする。

できあがり

うきやすいところをとめ、
目（め）やひげをつけたら犬（いぬ）！

MT. FUJI
富士山
ふ じ さん

一富士・二鷹・三なすび！　縁起のいい山なんだ。
いち ふ じ　に たか さん　　　えん ぎ　　　　やま

やぶく形で
かたち
いろんな富士山に！
ふ じ さん

材料（ざいりょう）　おりがみ … 1まい

15センチ × 15センチ

1

1センチ

色のついた面を上にして、1センチくらいの幅でビリビリやぶく。

2

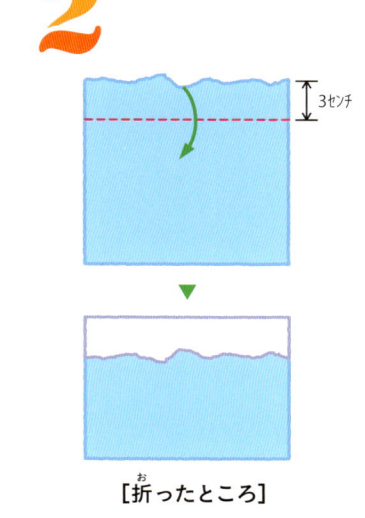

3センチ

▼

[折（お）ったところ]

3センチくらい折（お）る。

3

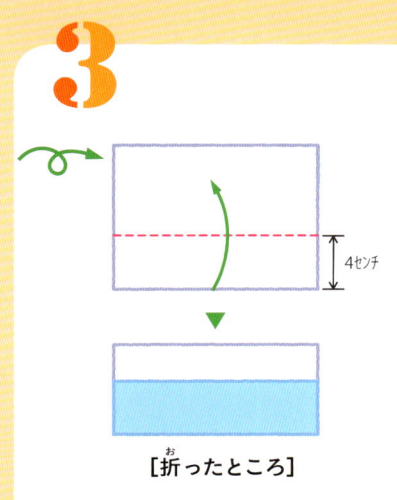

4センチ

▼

[折（お）ったところ]

うらがえして、下（した）を4センチくらい折（お）る。

4

6センチ　6センチ

▼

ここがまっすぐになる

[折（お）ったところ]

左右（さゆう）の角（かど）を三角（さんかく）に折（お）る。

できあがり

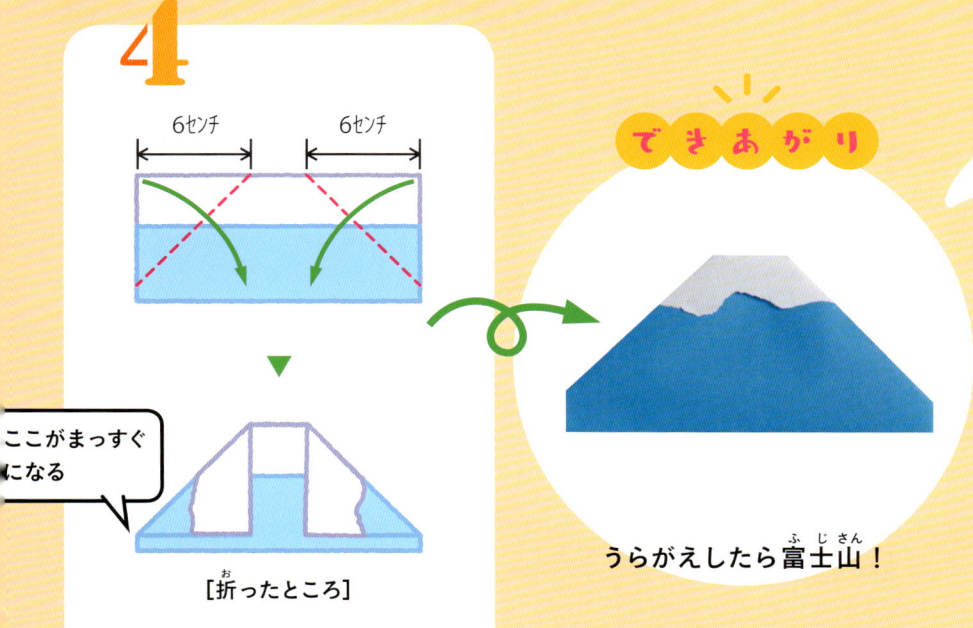

うらがえしたら富士山（ふじさん）！

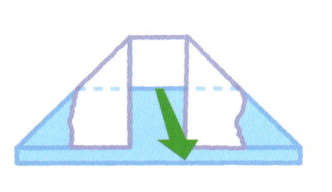

3で折（お）ったところをひきだす。

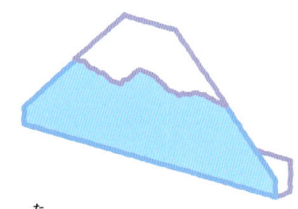

立（た）ててかざろう！

かがみもち

新しい年にやってくる神さまへのおそなえものなんだって。

赤白の紙を
かさねてはさむと
本物みたい！

30

材料（ざいりょう）

おりがみ … （おもち）1まい
（さんぽう）1まい
（みかん）少し（すこ）

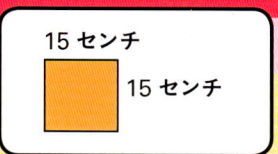
15 センチ
15 センチ

みかんの型紙（かたがみ）

おもちをつくる

1
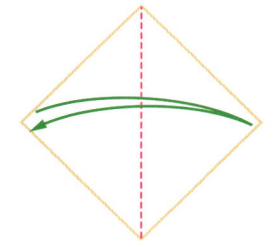
半分（はんぶん）に折り（お）すじをつける。

2
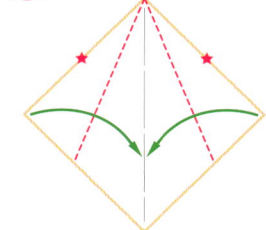
★のふちをまん中（なか）あわせで折る（お）。

3
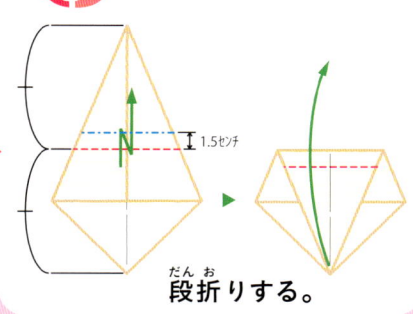
1.5センチ
段折り（だんお）する。

4
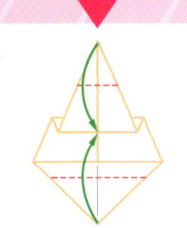
上下（じょうげ）を図のように折る（お）。

5
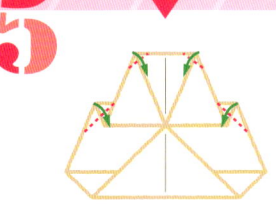
4つの角（かど）を少し（すこ）ずつ折る（お）。

さんぽうをつくる

1
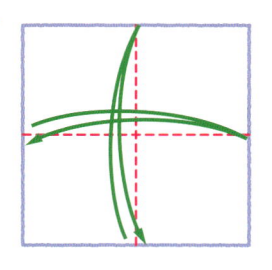
たてよこ半分（はんぶん）に折り（お）すじをつける。

2
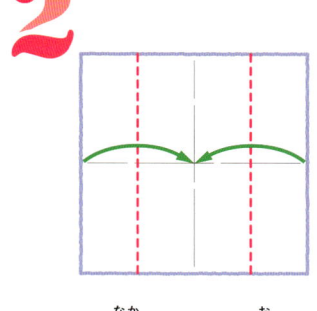
まん中（なか）あわせで折る（お）。

3
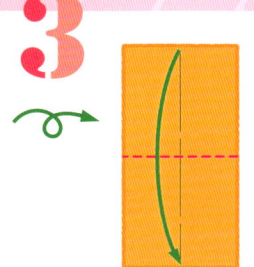
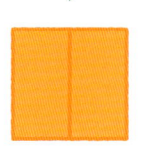
うらがえして下（した）に半分（はんぶん）に折る（お）。

4
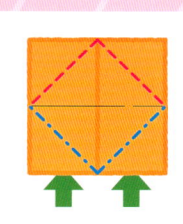
[折って（お）いるとちゅう]
図（ず）のように ⬆ から広げ（ひろ）ながらつぶすように折る（お）。

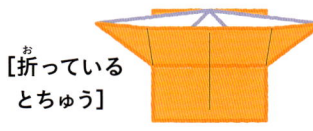

丸い（まる）かざりをつけたらさんぽう！

できあがり

うらがえしたおもちをさんぽうにのせたら、かがみもち！

BATTLEDORE

はごいた

お正月にあそぼう！　失敗したら顔にらくがきされちゃう！？

P28の「富士山」を
小サイズのおりがみで折ってはったよ！
太陽は赤い丸シール

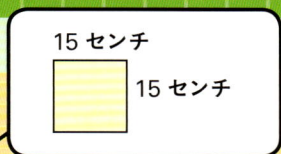

15 センチ

15 センチ

材料

おりがみ … 1まい

うめの型紙

1

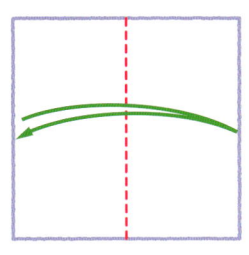

半分に折りすじをつける。

2

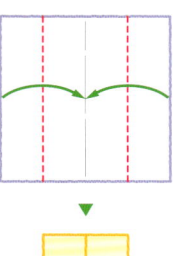

[折ったところ]

まん中あわせで折る。

3

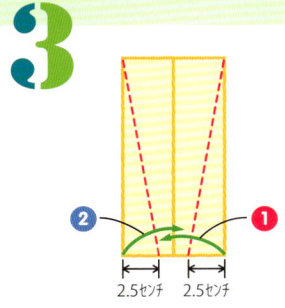

2.5センチ　2.5センチ

❷で角をふちまで折る

❶❷の順でななめにかさねるように折る。

4

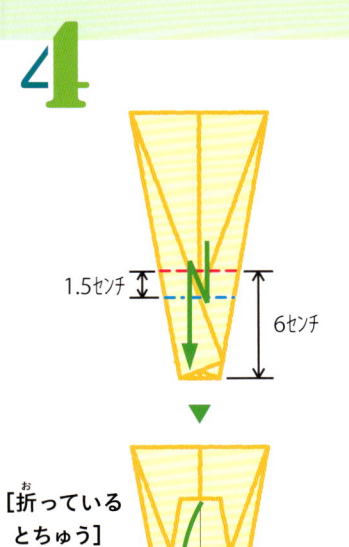

1.5センチ

6センチ

[折っているとちゅう]

下を段折りする。

5

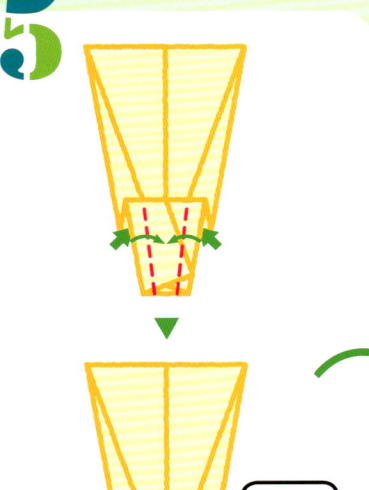

つぶす

[折ったところ]

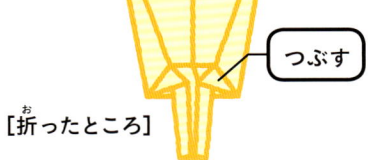

段折りしたところを図のようにつぶすように折る。

できあがり

もようをつけたら、はごいた！

33

DEMON

おに

おには外！　ふくはうち！

いろんな顔の
おににしよう！

15 センチ	
	15 センチ

材料

おりがみ … 1 まい
穴あけパンチでぬいた丸（目）… 2 まい

1

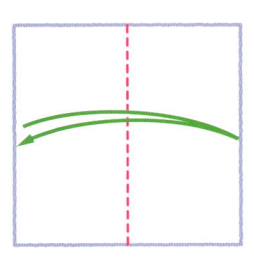

たて半分に折りすじをつける。

2

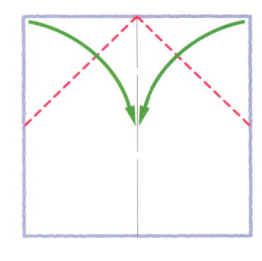

上の2つの角をまん中あわせで折る。

3

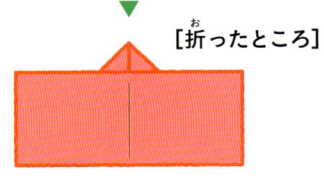

2センチ

［折ったところ］

上を2センチのこして、下から折る。

4

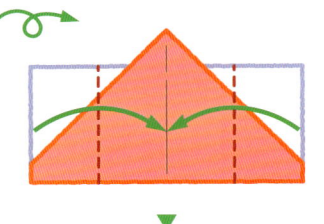

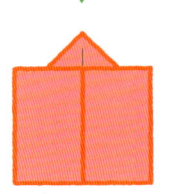

［折ったところ］

うらがえして左右をまん中あわせで折る。

5

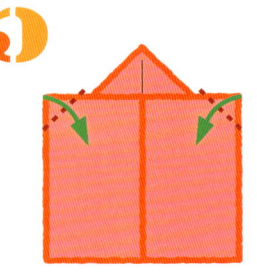

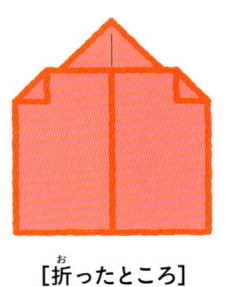

［折ったところ］

角を少し折る。

できあがり

うらがえしてもようや顔をつけたらおに！

うしろを広げると立てられるよ！

ハート

中にお手紙をかいてもいいね！

 **材料** おりがみ … （大きいハート）1まい
　　　　　　　（小さいハート）小サイズ　1まい

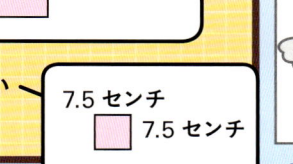 15 センチ　15 センチ

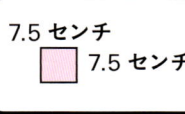 7.5 センチ　7.5 センチ

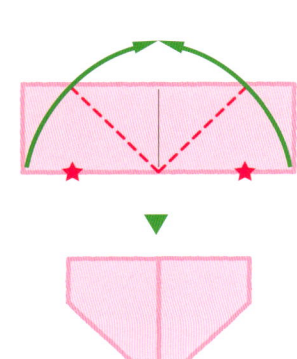 小さいハートに
はねをつけても
かわいいよ

1

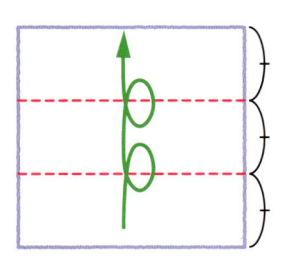

三等分にまくように折る。

2

半分に折りすじをつける。

3

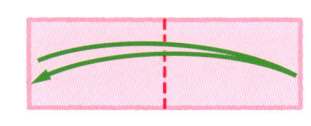

[折ったところ]

★のふちをまん中あわせで
折る。

4

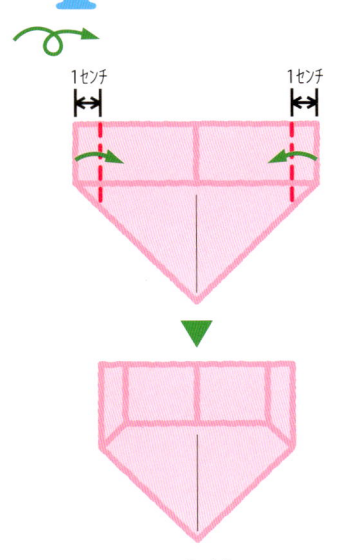

うらがえして左右を１センチ
（小さいハートは５ミリ）折る。

5

角をそれぞれ少しずつ
折る。

できあがり

うらがえしたらハート！
うきやすいところは、とめてね。

もっと つくろう！！

パーティーにもぴったり！

P 22 の「プレゼント」で
ウェルカムプレート！
かまぼこの板にはったよ。

P 24 の「サンタクロース」を
小サイズのおりがみで折って
**プレゼントの
ワンポイント
に！**

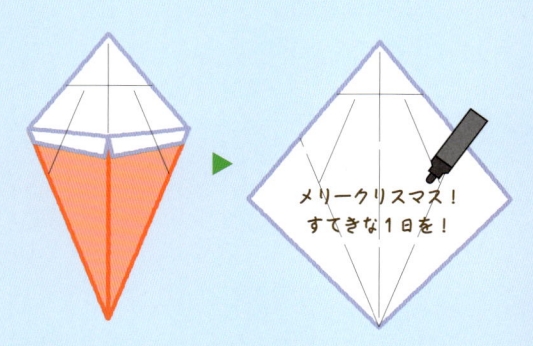

メリークリスマス！
すてきな1日を！

一度折ってからかくれるところに
メッセージをかいてもいいね。

年賀状やカードに！

あけまして
おめでとう！

Hello...

だいすき♥

P 10 の「てぶくろ」
P 28 の「富士山」
P 30 の「かがみもち」
P 36 の「ハート」
を小サイズのおりがみで
折ったよ！
はがきやカードにはろう。
あげるのが楽しみだね。

小サイズのおりがみで
P 8 の「きつね」を折ると
ブックマークに！

マスキングテープで
はさむようにとめる。

さしこむだけの
しおりだよ！

作・構成　いしかわ☆まりこ

千葉県生まれの造形作家。
おもちゃメーカーにて開発・デザインを担当後、映像制作会社で幼児向けビデオの制作や、NHK「つくってあそぼ」の造形スタッフをつとめる。現在はEテレ「ノージーのひらめき工房」の工作の監修(アイデア、制作)を担当中。工作、おりがみ、立体イラスト、人形など、こどもや親子、女性向けの作品を中心に、こども心を大切にした作品をジャンルを問わず発表している。親子向けや指導者向けのワークショップも開催中。
著書に「おりがみでごっこあそび」(主婦の友社)「カンタン！かわいい！おりがみあそび①〜④」(岩崎書店)、「たのしい！てづくりおもちゃ」「おって！きって！かざろうきりがみ」〈2冊とも親子であそべるミニブック〉(ポプラ社)、「みんな大好き！お店やさんごっこ - かんたんアイテム 150」(チャイルド本社)、「ラクラク！かわいい！！女の子の自由工作 BOOK」(主婦と生活社)、「楽しいハロウィン工作」(汐文社)などなど。

5回で折れる
季節と行事のおりがみ
④ ふゆ
～サンタ・てぶくろ・おに ほか～

写真　安田仁志
図版作成　もぐらぽけっと
デザイン　池田香奈子
協力　西村由香

2018年10月　初版第1刷発行
2022年7月　初版第3刷発行

作　いしかわ☆まりこ
発行者　小安宏幸
発行所　株式会社汐文社
〒102-0071
東京都千代田区富士見 1-6-1
TEL 03-6862-5200　FAX 03-6862-5202
http://www.choubunsha.com

印　刷　新星社西川印刷株式会社
製　本　東京美術紙工協業組合

ISBN 978-4-8113-2518-7